www.ingramcontent.com/pod-product-compliance
Ingram Content Group UK Ltd.
Pitfield, Milton Keynes, MK11 3LW, UK
UKHW061658200726
13853UKWH00012B/2281

9 789960 206929

سلسلة الأوائل للفتيان

أول مولودٍ للمسلمين في المدينة
عبدالله بن الزُّبير بن العوام رضي الله عنه

بقلم

محمد ثابت توفيق

مكتبة العبيكان

ⓒ مكتبة العبيكان، ١٤٢١هـ

فهرسة مكتبة الملك فهد الوطنية أثناء النشر

أول مولود للمسلمين في المدينة المنورة عبدالله بن الزبير بن العوام، لجنة التأليف والترجمة بمكتبة العبيكان - الرياض.

٤٨ص، ١٧X٢٢ سم (سلسلة الأوائل للفتيان)

ردمك: ٠-٦٩٢-٢٠-٩٩٦٠

١- عبدالله بن الزبير بن العوام ٢- الصحابة والتابعون.

أ- العنوان ب- السلسلة

ديوي ٩، ٢٣٩ ٢١/١٨١٤

ردمك: ٠-٦٩٢-٢٠-٩٩٦٠ رقم الإيداع: ٢١/١٨١٤

الطبعة الأولى

١٤٢١هـ / ٢٠٠٠م

الناشر

مكتبة العبيكان

الرياض - العليا - تقاطع طريق الملك فهد مع العروبة.

ص.ب: ٦٢٨٠٧ الرياض ١١٥٩٥

هاتف: ٤٦٥٤٤٢٤، فاكس: ٤٦٥٠١٢٩

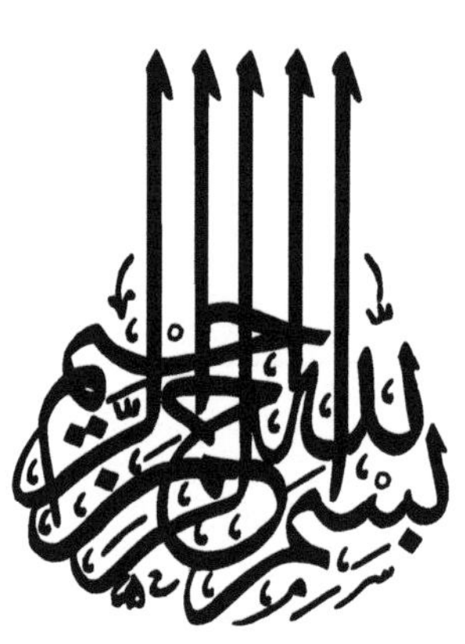
بسم الله الرحمن الرحيم

الفصل الأول
مولود فرح به الرسول والمسلمون

نجاة الرسول والمسلمين من تعذيب أهل مكة:

بعد ثلاثَ عشرةَ سنة قضَاها «الرسولُ العظيم» في دعْوة «قريشٍ» إلى الإسلامِ، مقيماً بينهمْ في «مكةَ» ومتحملاً في سبيلِ اللَّهِ أذاهمْ وتكذيبهُم له وتعذيبهُم للضعفاءِ من أصحابهِ، وتضييقهمْ على المؤمنينَ، أذنَ اللهُ لرسولهِ وللصحابةِ بالهجرةِ من مكةَ، واختارَ اللهُ لهمْ المدينةَ (يثرب) للهجرَة إليهَا، وانتظرَ «الرسولُ العظيم» حتى خرجَ أغلب أصحَابه الكرامِ، ثم هاجرَ هو و«أبو بكر الصديق»، وقدرَ اللَّه لهما ولجميع المسلمينَ الخيرَ، فوصلُوا إلى المدينة سالمينَ، ناجينَ من تتبعِ المشركينِ لهم، وكان هذا يوم الإثنين «١٢ من ربيع الأول»[١].

غيظ «اليهود» من المسلمين:

وفرحَ المسلمونَ الذين سبقُوا «الرسولَ» إلى «يثربَ» فرحاً عظيماً بسلامتهِ، وكذلكَ فرحَ أهلُ «يثربَ» به، ومنذُ ذلكَ الوقتِ وقدَ تغيَّر اسم مدينتهمْ فصارَ «المدينة» إشارة إلى تشريف الرسول العظيم لها.

جماعةٌ من الناسِ ـ فقط ـ هم الذين لم يُسروا بهذه الهجرَة، إنهم

---

١ - سيرة ابن هشام - حـ٢ - صـ١٧٠.

« اليهودُ »، ورغْم أنهمْ « أهل كتاب »، أيْ أنهُم كانُوا على بعض علمٍ بدينٍ سماويّ جاء به موسى، لكنَّهم حرفُوه وحرفُوا كتابهُم « التوراة »، بما يتناسبُ مع حياتهِم التي كانتْ تحددها مصالحهُم، وكان من عظيمِ مصالحِهِم في « المدينَة »؛ الخلافُ الشديدُ الذي كانَ بين « الأوسِ » و« الخزرَج »، وهم أهل « يثربَ » الأصليينَ، كان اليهودُ يستفيدونَ من هذا الصراع؛ لأنهمْ كانُوا يبيعونَ السلاحَ – الذي يصنعُونه –لهمْ، ويكسبوُن من هذه الصنعةِ المالَ الوفيرَ.

فلما هاجرَ « الرسولُ » صالحَ بين الأوسِ والخزرجِ، وأوقفَ المعاركَ التي كانتْ بينهُم. فاغتاظَ اليهودُ وراحوا يعادُون الرسولَ و« الإسلامَ »، ويشيعُون الإشاعاتِ الخبيثةَ الكاذبةَ، لكنَّ اللَّه كانَ يفضحُ مكرهُم، فيردُّ عليهم « الرسولُ » ويكشفُ كذبهُم حتى قالُوا:

سحر اليهود للمسلمين:

لم يجدِ « اليهودُ » شيئاً يعيبونَ به علَى المسلمينِ، فراحُوا يدعونَ أكاذيبَ وشائعاتٍ لإيذاءِ المسلمينَ؛ وكانَ مما قالُوا: إنهم سحَروا النساءَ المسلماتِ فعقمْن، ولن ينجبْن قط بعد الهجرة[١]، ومضَى من الوقتِ زمنٌ

١- أسد الغابة في معرفة الصحابة ابن الأثير - جـ٢-ص٢٤٥.

غيرُ طويلٍ فلمْ يولدْ مولودٌ للمسلمينَ في المدينةِ، فخيلَ إلى اليهودِ أن كذبهم قد صارَ حقيقةً، وراحوا يفتخرونَ به.

تأخر وصولُ زوج الزُّبير إلى المدينة:

أما «الزُّبير بن العوام» فلقدْ كان قلقاً لأجلِ أمرٍ آخرَ، فلقد كانَ مسافراً في تجارةٍ إلى الشامِ وقتَ هجرةِ الرسولِ، ولما علمَ بالخبرِ وهو هناكَ، أسرعَ عائداً إلى المدينةِ ليشاركَ وليأخذَ ثوابَ الهجرةِ، ووصلَ بالفعلِ، وهناكَ لقيَ «الرسولَ» و«أبا بكر» في المسجدِ، فرحبا به، وهنآه «على سلامةِ الوصولِ» وضمَّه «الرسولُ» إلى صدرِه، فسألَ «الزبيرُ» عن زوجِه، فهيَ السيدةُ «أسماء بنت أبي بكر»، وإنكَ لتعرفُها، نعمْ فهيَ التي كانتْ تحملُ الطعامَ لـ«الرسول وأبيها» في الغارِ أثناءَ الهجرةِ، وهي التي شقتْ حزامها، فربطتْ في طرفهِ الماءَ، وفي الآخرِ الطعامَ فسماهَا الرسُول: ذاتَ النطاقينِ.

أحسَّ «الزبيرُ» بالقلقِ فلقد تأخرَ وصولُ زوجِهِ إلى المدينةِ، هل حدثَ لها شيءٌ مثلاً أم ماذا في الأمرِ؟

خبر سعيد:

أخذَ «الزبيرُ» يدعُو ربَّه بوصولهمْ سالمينَ، وبينمَا هو مستغرقٌ في التفْكيرِ، وصل إليه مَنْ جاءَ مِنْ «مكةَ» يسبقُ «السيدةَ أسماءَ» ليخبرهُ

بسلامةِ وصولهِا إلى «قباء»، وأخذَ «الزبيرُ» يسألُه عن سرِّ توقفهَا في «قباء» فقالَ له البشيرُ:

- «أبشرْ يا زبيرُ، فلقدْ رزقكَ اللَّه مولوداً كريماً».

فقالَ الزبيرُ:

- «مولود .. أين وُلِدَ؟».

قال الرجل:

- وُلدَ في قُباء».

وعاد «الزبيرُ من شدةِ لهفتهِ يسأل:

- «ومتى كانت ولادته؟».

- «كانتْ ولادتهُ فجرَ هذا اليومِ».

من جديدٍ سألَ «الزبيرُ».

- «وكيف حال أسماء؟

واطمأن «الزبيرُ» حينمَا قال له الرجلُ:

- «بخيرٍ والحمد للَّه»[1].

١- أسماء بنت أبي بكر - إبراهيم محمد الجمل - ص٢٨.

اطمأنَّ «الزبيرُ» على سلامةِ زوجهِ، وفَرح لميلادِ ابنه.

فرحة المسلمين بميلادِ «عبدالله»:

أما المسلمونَ فما إِن علمُوا بالخبرِ، حتى كبروا اللّه، حمدوا اللّه أن أظهرَ كذبَ اليهودِ فيما قالوه، وأشاعُوه على المسلمينَ.

وجاءوا بالوليد إِلى «الرسول» فسرَّ به، وأخذَ تمرةً فمضغَها في فمِه الشريف، ثم وضعَها في فمِ الوليد، فكانَ ريقُ «الرسولِ» أولَ شئٍ نزلَ جوفَه، وأسماهُ «الزبيرُ» «عبدَاللَّه»(١).

واجتمعَ لـ«عبداللَّه» النسبُ الكريمُ، فأبوهُ يلتَقي في النسبِ مع «الرسولِ العظيم»، فجدتُه هي «السيدةُ صفيةُ بنتُ عبدالمطلب عمةُ الرسولِ. وخديجَة بنتُ خويلدٍ هي عمَّة أبيه.

أما أمُّه فهي «أسماءُ بنتُ أبي بكر الصديق» وكفى به نسباً، وهكذَا كان لـ«عبداللَّه» النسَب نسب الأب، ونسب الأمِ.

بيعة «عبدالله» للرسول:

ولما كَبر «عبدُاللَّه» قليلاً، وصارَ عمرهُ سبعَ أو ثمانيَ سنواتٍ، جاء أبوُه بِه كي يبايعَ الرسولَ العظيمَ، ويعاهدَه على تنفيذِ أوامرِ اللّهِ وأوامرِه، والبعدِ

١- أسد الغابة في معرفة الصحابة - ابن الأثير - حـ٣ - ص٢٤٥.

عما ينهيانِ عنه، ولما رأى الرسولُ، «عبداللّه» مقبلاً عليهِ ابتسَم» ثم بايعَه.

حادثة غريبة في حياة «عبداللّه»:

على الرغمِ من أنَّ الفترة التي أدركَ «عبداللّه» فيها حياة «الرسولِ» كانتْ فترةً قليلةً، فهوَ لمْ يدركْ من حياتهِ الشريفةِ سوى ثمانيةِ أعوامٍ وأربعةِ أشهرٍ؛ إلا أنها شهدتْ حادثةً غريبة في بدايةِ حياةِ «عبداللّه» ، وعلى ضوءِ هذه الحادثةِ تنبأ الرسول له بأمر عظيم سوف يحدث له في حياته المقبلة.

فلقد جاء «عبداللّه» إلى الرسولِ وهو يحتجم - يأخذُ بعضاً من دمِ رأسِه- ، فلما فرغَ الرسولُ قالَ له

- «ياعبداللّه! اذهبْ بهذا الدمِ فاهرقْه حيثُ لايراكَ أحدٌ» .

وذهبَ «عبداللّه» فأخذَ الدَّم وشربهَ، ثم عادَ إلى «الرسولِ» فسأله:

- «ماذا فعلتَ بالدمِ؟» .

قال «عبُداللّه» :

- «عمدتُ إلى أخفى مكانٍ علمتُ فجعلتُه فيه» .

يخبرُ «عبداللّه» الرسولَ بأنه قدْ جعل الدمَ في أخفى مكانٍ ظنَّ أن الناسَ لاتراه فيه، ولأنَّه يحدثُ الرسولَ العظيمَ، وهو أدرى بنفوسِ أصحابهِ، فلقدْ عادَ يسألُ «عبداللّه» :

- «لعلك شربتَه؟» .

إن كلماتِ «عبداللّه» عن كَونه قد جعلَ الدمَ في أخفى مكانٍ؛ جعلتِ الرسُول «يفكّرِ في كـونه قـد شـربَ هذا الدم، فـسـألَه عن ذلكَ، وأجـابَ «عبداللّه»:

– «نعمْ».

فقال «الرسولُ»:

– ولِمَ شربتَ الدمَ؟ ويلٌ للناس منك، وويلٌ لك من الناس»[1].

عـاتبَ «الرسول» «عـبـداللّه» على شـربه للدم، ثم تنبـأَ له بأمـرٍ عظيم سيحدثُ مع الناس، وأخبره بأنّ حدثاً شديداً سوفَ يقعُ في حياتِه، حدثاً فيه قوةٌ من «عبداللّه» عليهمْ، وفيه قوةٌ منهم عليهِ.

وبعـد أعـوام تحققَ مـا ارتآه «الرسُول العظيم»، ولكنْ تعـالوا نـرىَ كـيفَ تربىَّ «عبدُاللّه» علَى القرآنِ.

١- سير أعلام النبلاء - الذهبي - جـ٤ - ص٣٦٤.

الفصل الثاني
«عبداللَّه» والقرآن الكريم

نشأة في بيت الرسول:

ولأن «السيدةَ عائشةَ» خالة «عبداللَّه» كانت شديدة الحنان فإنَّها منذُ بدأ «عبداللَّه» يخطُو على الأرضِ أخذته إلى بيتها، «بيتِ رسولِ اللَّه»، وهناك كان «عبداللَّه» يبقَى أغلب يومِه، فيحيا أوقاتاً من أجملِ الأوقاتِ التي عاشَها في حياتِه، ولذلك أطلق «الرسُول العظيم» على «السيدة عائشة «كُنية» أم عبداللَّه، لكثْرة ماكانَ يراه عندَها.

ولقد استفادَ «عبداللَّه» كثيراً من الأوقاتِ التي كانَ يقضيها في بيتِ الرسُولِ، إذ بدأ يحفظُ «القرآن الكريمَ»، حتى أتمَّ حفظَه وهو في السابعة فقط من عمرِه، وهذا يدلُّ على ذكاءٍ مبكرٍ، وذاكرة لاقطة وعتْ كلماتِ اللَّهِ وأجادتْ حفظها في وقتٍ مبكرٍ جداً.

ثم أخذَ «عبداللَّه» يستمعُ إلى كلماتِ «السيدةِ عائشةَ» جيداً، ولأنها كانتْ كثيراً ماتلازمُ الرسولَ، وتحبهُّ، وتقدرُه، فإنها كانتْ تروي أحاديثَه، وكان «عبداللَّه» يستمعُ إليها جيداً كيْ تستطيع أذناه التقاطَ كل كلمةٍ من كلماتها، ويستطيعُ عقلهُ استيعابَها، وتستطيع ذاكرتُه سماع أحاديثَ رسولِ اللَّه.

وبذلكَ أصبحَ «عبداللَّه» أصغرَ راوٍ وناقلٍ لأحاديثِ رسولِ اللَّه[١].

مكانة «عبداللَّه» بين الصحابة:

وبحرص «عبداللَّه» المبكِّر هذا على سماعِ أحاديثِ الرسولِ العظيم وقبلها حفظُ «القرآنِ الكريمِ» وصحبة الرسُول، والتعلم منه، صارَ كُتابُ السير، والمؤرخُون يعدونَه ضمنَ صغارِ الصحابة النابغينَ الذين تفوقوا فيعدونَه من الكبارِ في العلْم والشرفِ، فهو لم يروِ عن الرسولِ فقط، بل أخذ يستمعُ جيداً لكلمات أبيه الزبير ويرويهَا في بيتهمْ، أما في بيتِ جده لأُمه «أبي بكر الصديق، فقد كان يجدُ ضالته من كلماتِ جده العظيمَة؛ فتمارسُ ذاكرتُه عملَها، وتعِي كلماتِه، وتنقلُها.

وكذلكَ كانَ مع أمه «السيدة أسماء»، ولم يكتفِ «عبداللَّه» بذلك، بلْ أخذَ يروي عن كبارِ الصحابةِ، من أمثالِ «عمر بنِ الخطاب»، و«عثمانَ ابنِ عفان» وغيرهمْ[٢].

نبوغٌ مبكر:

ومن الدروسِ العظيمةِ التي تعلمها «عبداللَّه» منذُ الصغر أن العلْم وحدَه لايكْفي، ما لم يتبعْه عملٌ.

١- عبداللَّه بن الزبير - أحمد عبدالرازق البكري - سلامة محمد سلامة- ص٨- سفير.

٢- سير أعلام النبلاء-الذهبي - جـ٤ - ص٣٦٤.

عـرف «عـبـدالله» هذا الدرسَ في وقتٍ مـبكرٍ - أيضـاً، فكان يقـودُ الأطفال الذين همْ في مثلِ عمرهِ، ويسير بهمْ حتى المسجدِ، ليأخذُوا العلمَ، وكـانَ يقـودهمْ في وقتِ اللعبِ، حريصاً على ألاّ يخالفَ لعبُهم أوامرَ اللّهِ، أويلْهي عن وقتِ الصلاةِ.

وهكذا تعلَّم «عـبـدُاللّه» الشـجـاعـةَ والجرأةَ والإقدام منذ وقتٍ مـبكرٍ فكانتْ نفسه لاتعرفُ الخوفَ أو الترددَ، وقد أدتْ هذه الشجاعة إلى موقفٍ عظيم، كان موضع إعجاب «الرسُولِ العظيم»[1]

بيعة الأطفال:

شهد «عبدُاللّه» مع جموعِ المسلمينَ ماكانَ في «صلح الحديبية»، حين خرج «الرسولُ» في العام السادس من الهجرةِ، عازماً على الحجِ والعمرةِ، وخرجَ معهُ أصحابهُ الكرامُ مرتدينَ ملابسَ الإحرام، كدليلٍ على عدم رغبتهم في الحربِ، لكنَّ قريشاً عارضتْ ذلكَ؛ فأرسلَ «الرسولُ العظيم» سيدنا «عثمانَ بن عفان» بعد ما أرسلَ غيره من الصحابةِ ليفاوضُوهم، وأشيعَ بعدَ ذهابهمْ أن قريشاً قد قتلتهُم، مما جعلَ الصحابةَ يجتمعونَ ويبايعونَ الرسولَ معاهدين إياه - إن صدقتَ هذه الإشَاعة - على القتالِ انتقاماً لـ«عثمانَ» وأصحابهِ.

---

١ - عبداللّه بن الزبير - أحمد عبدالرازق - سلامة محمد سلامة ص١١.

وبعدَ قليلٍ تبينَ لهم كذبَ هذه الإشاعَة، وتم عقدُ صلح بينَ المسلمينَ وقريشٍ سُمِّيَ صلحَ الحديبيَة، ولكن «عبدَاللّه» كانَ قد تعلم من هذا الأمرِ درساً، حوّلَه إلى عملٍ بعدَ عودةِ المسلمينَ إلى المدينة المنورةِ.

وبينمَا النبيُّ جالسٌ في بيتهِ رأى جماعةً كبيرةً من الأطفالِ أبناءِ الصحابةِ يدخلون عليه يتقدمُهم «عبداللّه»، وكانَ منظرهم مثارَ دهشة لكلِّ الذين رأوهم من المسلمينَ، استقبلهمُ الرسول بوجهٍ فرحٍ.

أمَّا «عبداللَّه» فقدْ تقدَّم إليهِ، بينما اضطربَ بقيةُ الصغارِ، وتراجعُوا إلى الوراءِ، فعرفَ «الرسولُ» أنه قائدهم، فسألهَ عما يريدونَ، فأجابَه «عبدُاللّه» بأنهُ جاءَ، وجمعَ الصغارِ حتى يبايعوا «الرسولَ» فلقدْ علمَ من خلالِ صلحِ الحديبيةِ أن البيعة عهدٌ للّه ورسولهِ على الإخلاصِ لهما في القولِ والفعلِ حتى الموتِ، وهو لايريدُ أن يحرم منها وكذلكَ كلُّ أصحابهِ الصغارِ.

أُعجبَ «الرسُول» كثيراً بكلماتِ «عبداللّه» ومدَّ يده الشريفَة فبايعَه، وعندَما أبصرَ بقية الأطفالِ ذلكَ، تقدموا جميعاً فبايعُو «الرسولَ العظيم» واستقبلهم -صلى اللّه عليه وسلم- بالحماسِ نفسه الذي استقبلَ به الرجالَ.

وكان لهذه البيعةِ أثرٌ كبيرٌ في «المدينةِ» إذ علمَ جميعُ الصحابَة أنَّ الإسلامَ سيبقىَ قوياً بهؤلاء الصغارِ الذين سيحملونَ رايتَه، وسيقومُ جيلهمْ

بواجِبِه في الجهادِ على خيرِ وجهٍ، ذلك أنَّ الرسول - التفتَ إلى الصحابةِ الذين يتعجبونَ ويطلبونَ تفسيراً للموقفِ، فقال لهُم في سعادةٍ ، عن « عبداللّه » .

- « إنه ابنُ أبيه » .

أيْ أنَّ أفعاله عظيمةٌ مثل أفعال أبيهِ .

الفصل الثالث
فارس قريش

حب السيدة عائشةَ لعبدِ اللَّه:

وتُوفي الرسولُ العظيم في المدينةِ، بعدَ أن أدَّى الرسالةَ، وبلَّغ الأمانة، وتركَ المسلمينَ على الخيرِ كله، فحزِن لفراقِه جميعُ المؤمنينَ، وحزنَ لذلكَ «عبداللَّه».

وبعدَ أنْ توفيِّ «الرسولُ» لم يكنْ أحدٌ أحب «للسيدةِ عائشةَ» أمِّ المؤمنين من اثنين: أبيها الصديق، وابن أختِها عبدالله بن الزبير[١].

فارس قريش:

وتولى «أبوبكر الصديقُ» جدُّه لأمه الخلافةَ بعد الرسولِ، فصمَّم على حربِ المرتدين، رغم كثرتهم، والأخطارِ الكثيرةِ التي كانتْ تهددُ «الدولةَ الإسلامية.

وبعدَ عودةِ الجيوشِ منتصرةً أعدَّ «أبوبكر» أربعةَ جيوشٍ لمحاربةِ الرومِ وأرادَ «عبداللَّه» أن يشاركَ المسلمينَ في جهادِهم، وكانَ «عبدُالله» لم يكملْ إحدى عشرةَ سنةً بعد، فهو صغير على السفرِ إلى حدودِ الرومِ في الشامِ أو مصرَ، والاشتراك في مثلِ هذه المعركَة الخطيرَة، لكنه ذهب إلى أبيه

١- سير أعلام النبلاء - الذهبي - ص٤ - ص٣٧١.

الزبير، وقدْ كانَ ضمن الخارجينَ للجهادِ مع الجيشِ، فطلبَ منه «عبدُاللَّه» أن يسيرَ معه، لكيْ يجاهدَ في سبيل اللَّهِ، ولكنَّ أباه رفضَ ذلك وقالَ له: إنه مايزالُ صغيراً، فألحَّ على أبيه وجدِّه الخليفة حتى وافقَاه على الاشترَاك فيها.

وهكذا أركبَه أبوه فرساً، ولكنَّه جعله في رعاية أحدِ المسلمين[1].

وعلى الرغمِ من قلة المسلمينَ في تلكَ المعركة ٢٦ ألف مقابل ٢٠٠ ألف من الرومِ إلا أن المسلمينَ أظهروا تضحياتٍ رائعةً، وأظهرَ «عبداللَّه» تضحياتٍ رائعةً مقارنةً بسنه القليلِ.

كانتْ هذه المعركةُ هي البدايةُ في جهاده، فلقد اشتركَ «عبداللَّه» بعدها في الكثيرِ من الحروبِ، مظهراً تضحياتٍ عظيمةٍ جعلته فارسَ قريشٍ في زمانه، وبطلها الشجاعَ[2].

دور «عبداللَّه» في فتح إفريقية:

كان الروم في ذلك الوقتِ إحدى القوتينِ العظيمتينِ اللتينِ تسيطرانِ على العالمِ، وكان نفوذها يمتدُّ من الشام حتى نهايةِ قارةِ إفريقيا، وصممَّ المسلمونَ على تخليصِ الناس من شرِّ هؤلاءِ الحكام الظلمةِ المستبدينَ، ومن كفرِهم ليدخلوهم الإسلامَ فاستمرت جيوشهمْ من عهدِ «أبي بكر» تغزو هذه

١- أسد الغابة في معرفة الصحابة -ابن الأثير- حـ٣-ص٢٤٥.
٢- سير أعلام النبلاء - الذهبي - حـ٤- ص٣٦٤.

البلادَ، ولما تُوفي «أبوبكر» تولى «عمر بن الخطاب» الخلافةَ، وصممَ على إكمالِ ماقد بدأه من فتوحاتِ تلك البلادِ، ولكنه تخوفَ من فتحِ إِفريقية وكانت فتوحاتُ المسلمينَ قد وصلتْ إِليها، وهي تونُس اليومَ.

وبعد وفاةِ «عمر بن الخطاب» وتولية «عثمان بن عفان» الخلافةَ استشارَ كبارَ الصحابةِ فرأوا إِكمالَ فتحِ إِفريقيةَ، وتوكلُوا على اللّه، وأعدوا الجيشَ لذلكَ.

نادىَ المنادي في الناسِ بالاستعدادِ للجهادِ، وكان جيشُ العبادلَة، وقد سُميَ بهذا الاسمِ لكثرة انضمام المسلمين الذين تسمَّوا بـ«عبداللّه» فيه مثل: «عبداللّه بن عباس»، و«عبداللّه بن عمر»، و«عبداللّه بن أبي بكر»، و«عبداللّه بن عمرو بن العاص».

وكانتِ المعركةُ مهمة لأنه يتحددُ عليها نتيجةَ مابذله المسلمونَ من جهدٍ، وشهداَء أطهار، كانت المعركةُ خطيرةً لأن بقايا «الروم» كانوا قد تعودُوا كلما هُزِموا في معركةٍ أن يهربوا إِلى داخلِ إِفريقيا حتى وصلُوا إِلى إِفريقيَّة التي هي «تونُس» اليوم.

وفي هذه المعركة كانَ لزاماً على المسلمين أن يقهرُوا ماتبقَّى من «امبراطوريةِ الرومانِ» المهزومةِ، وزادَ من خطورةِ هذه المعركة وعورَة الأرضِ التي كانتْ تدورُ عليها، فهي أرضٌ ذات طبيعةٍ صعبة، لايعرفُ الحياةَ عليها

إلا الذي عاش فيها فترةٍ طويلةٍ، فكيفَ والمسلمونَ يحاربونَ؟ كان الموقفُ خطيراً، وبلغَ قمةَ خطورتهِ مع ازدياد عددِ الرومِ الذي بلغَ أضعافَ جيشِ المسلمينَ، إضافة إلى وجود بعض الخونةِ من أهل تلك البلادِ، فقد كان بعض «البربر» يساعدونَ «الرومَ» ضد مصلحةِ أهلِ بلادهم.

وكانَ قائدُ الروم يدعَى «جُرجير» وهو ملكٌ طاغيةٌ، كانَ يتحكم في هذه المنطقةِ، ويعزُّ عليه أن يسيطر عليها المسلمونَ، لذلكَ أعلنَ أنهُ لنْ يتركها لهُم ودارتِ المعركَة بين الجيشينِ بشدةٍ، لكنَّها لم تسفرْ عن انتصارِ أي طرفٍ منهما.

واستبطأ الخليفةُ «عثمانُ» النصرَ، فأرسلَ مدداً، جيشاً بقيادة «عبدالله ابن الزبير، لما كانَ يعرفُه عنه من قوتهِ وشجاعتهِ، وانضمَّ إلى جيشِ المسلمين.

ذكاء «عبدالله»:

واستمعَ «عبدالله بن الزُّبير» إلى وصفِ المعركةِ، وطبيعةِ المنطقةِ والطريقَة التي يقاتلُ بها «الرومُ» من «عبدالله بنِ سعد» زميلهِ في الجهادِ وقائدِ جيشِ المسلمينَ الأصلي، المكلف بقتالِ الرومِ في هذه المعركةِ، وكانَ مما قال:

- «إن جيشَ «جُرجير» كبيرٌ وأخشى أن ندخلَ معركةً فاصلةً، فتتغلبُ علينَا الكثرةُ. تدبر «ابنُ الزبير» الأمرَ جيداً في ذهنهِ ثم قال:

- "مادام الفارقُ بيننا وبينهُم كبيراً في العددِ والعتادِ، فيجبُ أن نُدبِّر حيلةً لقهرهم، وخاصَّة أن المدينةَ التي يحتمونَ بها مدينةٌ ذاتُ أسوارٍ عاليةٍ ولايمكنُ اقتحامها بسهولةٍ».

يرى «ابنُ الزُّبير» بذكائهِ الحربي الذي اكتسبَه من المعَارك التي خاضَها قبلَ ذلك، يرَى أنه طالما أن عددَ جيشِ الرومِ عددٌ كبيرٌ، والأسلحة التي معهُم أسلحةٌ كثيرة، فلابدَّ من حيلةٍ يهزمُ المسلمونَ بها عدوهم، وبخاصَّة أن مدينة «سبيطلة» التي يحتمي خلفَها أعداؤهم مدينة ذات أسوارٍ عاليةٍ ولن يتمكَّن المسلمون من اقتحامها بسهولةٍ.

قال «ابنُ سعد»:

- ألديكَ فكرةٌ معينةٌ؟».

رَدَّ «ابنُ الزبير»:

- «نعمْ علينا أن نجهزَ مجموعة من الفرسان بعيداً عن مواقعِ الاشتباكات، حتى إذا ما انتهت الاشتباكاتُ عندَ الظهرِ، وأرادَ الأعداءُ أن يعودوا إلى مواقعهمْ، تنقضَّ -تهجم- عليهمْ هذه المجموعَة، فتبيدُ -تقضي على- بعضهم، وتأسرُ البعضَ الآخرَ».

كانتْ خطة «ابن الزُّبير» المحكمة هي: أن يقاتلَ «المسلمونَ» الرومَ حتى الظهر كما تعودُوا، ولكنْ لايهاجمهمْ «جيشُ المسلمين» كله، إذ إنَّ على

جماعةٍ كبيرةٍ منه أن تختبئ بعيداً عن مكانِ القتالِ، حتى إذا ما انتهَت الاشتباكاتُ عند الظهر، وأرادَ «الرومُ» أن يعودوا إلى مواقعهمْ ليستريحُوا تهجُمُ عليهم المجموعةُ الأخرى التي لم يروهَا من قبلُ، فتقْضي على جماعةٍ منهم، وتأخذُ جماعةً أخرى أسرى حرب.

وافقَ «ابن سعدٍ» على خطة «عبدالله بنِ الزبير» وتمَّ اختيارُ عددٍ من أشجعِ جنودِ المسلمينَ كي يقومُوا بمهمةِ مهاجمةِ جيشِ الرومِ عند الظهرِ.

وفي اليومِ التالي دارتْ المعركةُ شديدةً، وعند الظهرِ أرادَ الروم العودةَ إلى حصونِهم ليستريحوا، فهاجمهُم «جيشُ المسلمينَ الآخر»، ففوجئوا به، ولمْ يستطيعُوا مقاومتَه.

وهكذا هزمهُم جيشُ المسلمينَ، وتتبعهُم حتى حصُونهمْ داخلَ مدينةِ «سبيطلة»، وهناكَ قتلوا ملكَهم الظالمَ «جُرجير» وأسروا ابنتَه.

ومَا إن انتشرَ خبر دخولِ جماعةٍ من المسلمينَ حصونَ الرومِ وقضَائِهم على الملكِ الظالمِ «جُرجير» حتى سارعَ زعماءُ القبائلِ من البربرِ إلى التسلِيم، وطلبِ الصلحِ من المسلمينَ، وهكذا انتهتْ هذه المعركةُ بنصرِهم بفضلِ اللهِ ثم نتيجة لذكاء «عبدالله بن الزُّبير، وخبرتهِ الحربيةِ[1].

---

١ - «عقبة بن نافع» - علي الجمبلاطي - عبدالمنعم قنديل - ص٤١، ص٤٢.

فرحة الخليفة والمسلمين بالنصر:

ومَا إِن انتهتِ المعركةُ حتى طلبَ «عبداللَّه بنُ سعد» من «عبدِاللَّه بنِ الزُّبير» العودةَ إِلى «المدينةِ المنورةِ» وإِبلاغِ الخليفة «عثمانَ» الخبر.

وعاد «ابنُ الزُّبير» إِلى المدينةِ، وهناكَ قابلَ أميرَ المؤمنينَ «عثمانَ» وأخبرهُ أن جيشَ المسلمينَ قد انتصرَ، وحكَى له عن الخطَّةِ الناجحةِ التي وضعَها لهم.

وعندما سمع «عثمانُ» كلماته طلبَ منه أن يصعدَ المنبرَ، ويقصَّ على المسلمينَ ماحدثَ، فصعدَ «ابن الزُّبير» المنبرَ، وبشَّر المسلمينَ بما حققهُ اللَّهُ من نصرٍ، وراحَ يحْكي لهمْ كيفَ استطاعَ التغلبَ على كثرةِ عددِ الرومِ، وبينمَا هو هكذا إِذ دخلَ «الزُّبير بن العوام» إِلى المسجدِ، وشاهده على هذه الحالةِ فسربه كثيراً.

أما «عبداللَّه» فلقدْ كادَ يضطربُ من كثرةِ حبه واحترامِه لأبيهِ، وما إِن أنهىَ خطبتهُ حتى قامَ أبوه إِليهِ، فعانقة قائلاً:

- «واللَّه لكأنيِّ أسمعُ خطبةَ «أبي بكر الصديق» حين سمعتُ خطبتَك»(١).

١- عبداللّه بن الزبير - أحمد عبدالرازق-سلامة محمد سلامة - ص٢٠-سفير.

قال له أبوه إِنهُ خطيبٌ مفوهٌ، يجيدُ الخطابَة، وأنهُ حينما استمعَ إِلى كلماتِه، فلكأنَّه استمعَ إِلى كلماتِ الخليفة الراحلِ أبي بكر الصديق».

وكذلك اشترك «عبدُاللَّه في معاركَ أخرى أكسبتِ المسلمينَ عزاً وقوةً وأوهنتْ عدوهم مثلَ معركةِ القسطنطينيةِ»[1].

١- سير أعلام النبلاء - الذهبي - ص٤- ص٣٦٤.

الفصل الرابع:
«ابن الزُّبير» الشجاع العابد

«ابن الزُّبير» الذي لاينازع في ثلاثة:

قال عنه، الصحابيُّ «عثمانُ بنُ طلحة»:

«كان ابن الزُّبير لاينازَع في ثلاثةٍ: شجاعةٍ، عبادةٍ، بلاغةٍ»[1].

ولاينازعه أي لايصلُ إلى مكانتهِ الكثيرُ، أما الثلاثةُ فهي: الشجاعةُ والعبادةُ، والبلاغةُ في القولِ، ولقد رأينَا في الفصلِ الماضي موقفاً يدلُّ على بلاغته واستمعنا إلى «الزبيرِ بنِ العوامِ» يصف خطبته فلكأنها خطبة الخليفة «أبي بكر الصديق».

«ابن الزُّبير» الشجاع:

وكذلكَ رأيناً من شجاعةِ «عبدِاللّه» الكثيرَ في حربهِ ضد الرومِ، هذه الشجاعةُ التي جعلتْ منه فارساً معروفاً، مُصراً على الجهادِ في سبيلِ اللّه، هذه الفروسية ظهرتْ في البدايةِ في مواقف «عبداللّه الشجاعَة»، وذلك حينما اصطحبَ الأطفالَ إلى الرسولِ العظيم، فكانتْ بيعة الأطفالِ، التي تعجب لها كلُّ الذيَن رأوها من المسلمينَ.

١- سير أعلام النبلاء - الذهبي - ص٣٧٠.

وفي عهد الخليفةِ الثاني «عمرَ بنِ الخطاب» كانَ لـ«عبدِاللّه بن الزُّبير» معهُ هذا الموقفُ الشجاعُ النادرُ:

كان «عبداللّه» يلعبُ مع الصبيةِ الصغارِ الذين هُم في مثل سنِّه في شارعٍ من شوارعِ «المدينةِ المنورةِ» إذ مرَّ بهم «عمرُ بنِ الخطاب»، وكان أمير المؤمنينَ عمرَ في خلافتهِ معروفاً بالشدةِ وعدمِ اللين، ومواقفه الكثيرَة تدلُّ على ذلكَ، فهو شديدٌ في الحقِّ، ولايتراخى ولايعرفُ اللين فيه إلى نفسه طريقاً.

كان الصبيةُ الذينَ في سنِّ «عبداللّه» يخافُون «عمرَ»، فلما شاهدوه أسرعوا هاربينَ إلا عبداللّه فإنَّه وقف في مكانِه كما هُو، فلما اقتربَ منه «الخليفةُ» سألهَ:

– «ماأسمكَ؟».

فأجابَ «عبداللّه» في جرأةٍ وشجاعةٍ وأدبٍ:

– «اسمي عبداللّه».

فقالَ أميرُ المؤمنينَ له:

– «لقد رأيتَ الصبيةَ يفرونَ، فلماذا لم تفرّ مثلهم؟».

يسألهُ «عمرُ» عن سببِ بقائهِ في مكانهِ، مع أنَّ الصغارَ أمثاله قد هربُوا عندما شاهدُوه.

أجابَ «عبدالله» في ثباتٍ.

- «لمْ أجرمْ فأخافُ منكَ، ولم تكن الطريقُ ضيقةً فأوسعَ لك»[1].

يقولُ «عبدالله» عن نفسِه أنه لم يخطىء فيخافُ، ويهربُ من أمامِ الخليفةِ، وليستِ الطريقُ غير واسعة فيتركَ مكانهُ.

أعجبَ «عمرُ بنَ الخطاب» كثيراً بشجاعتِه وثباتِه على الحقِّ.

وهكذا ينبغي أن يكونَ المسلمُ قوياً، ثابتاً منذ الصغر، لايخافُ طالما أنه لمْ يخطىء في حق أحدٍ من الناسِ.

وهناك من المواقفِ الشديدةِ في حياةِ «عبدالله» ماسنروي عنه في الفصل القادم.

«ابن الزبير» العابد:

أما عنْ عبادةِ «عبدالله» فلقدْ حكىَ عنها الكثيرُ من الصحابة، فقالوا عنه: عن صلاتهِ، عن طولِ قيامهِ، وركوعهِ، وسجودهِ، وعن صيامهِ.. وكيفَ لا يحكون عن عبادةِ ذلك الرجلِ الذي تربَّى في بيتِ الرسولِ العظيم؟.

وعن صيامه:

يروى عن «قطنِ بنِ عبدالله» أنه قال:

١- أسماء بنت أبي بكر - إبراهيم محمد الجمل - ص٣٤.

- « رأيتُ ابن الزُّبير يصومُ فإذا كانَ عند إفطارِه من الليلةِ المقبلةِ يدعُو بقدحٍ، ثم يدعو بقعبٍ من سمنٍ ، ثم يأمرُ فيُحلبُ عليه، ثم يدعو بشيءٍ من صبرٍ فيذرهُ - يوزعه- عليه، ثم يشربُه، فأما اللبنُ فيعصمُه، وأما السَّمْن فيقطعُ عنه العطشَ، وأما الصبرُ فيفتحُ أمعاءه »[١] .

وهكذا كانَ صوَّاماً، قوَّاماً ، كثيرَ الصلاة، لم يُرَ مَنْ هو أفضلُ صلاةً منه ومع ذلك كان لايتناولُ إلا قليلَ الطعامِ المُنتقى بعنايةٍ كيْ يحولَ بينهُ وبينَ الجوعِ والعطشِ ويُحسنُ هضمَه.

«ابن عباس» يشهد لـ«ابن الزّبير»:

أمَّا الذي يشهدُ لـ « ابنِ الزبير» الآن، فهوَ « ابن عباسٍ » حبرُ هذه الأمَّة الذي دعا له « الرسولُ العظيمُ » كي يعلمهُ اللّه من أمورِ الإسلام، إنه ابن عمِّ رسولِ اللّهِ يقولُ عنه حينمَا ذُكرَ عنده:

- « قارئٌ لكتابِ اللّهِ، عفيفٌ في الإسلامِ، أبُوه الزّبيرُ، وأمُّه أسماءُ وجدُّه أبو بكر، وعمتُه خديجةُ، خالتُه عائشةُ، وجدتهَ صفيةُ، واللّه لأحاسبُ له نفسي محاسبةً لم أحاسبْها لأبي بكر وعمرَ» .[٢] .

يصفُه « ابنُ عباسٍ » بأنهُ قارئٌ جيدٌ للقرآنِ الكريمِ، مطيعٌ لربه، يحرصُ على إسلامِه، ويبتعدُ عن نواهيِه، ينتمِي إلى أسرة عظيمَة، بل عائلةٍ سباقةٍ

١- أسد الغابة في معرفة الصحابة ابن الأثير - حـ٣- ص٢٤٥.

١- سير أعلام النبلاء الذهبي -حـ٤- ص٣٦٦.

في الإسلامِ، لذلكَ فإنَّ «ابن عباسٍ» كان يحاسبُ نفسه، مقارناً عَمَله إلى عَمَل «ابنِ الزبير» لما ارتآه من حسنِ وعظمةِ إسلامةِ، محاسبةً لم يحاسبها لأبي بكر الصديقِ، و«عمرَ بنِ الخطاب».

مواقف في حياة ابن الزبير

جهاده وشجاعته:

لقد كان ابنُ الزبير - رضي الله عنه - موفقاً كلَّ التوفيق إذا نزَل إلى القتالِ فهو المدربُ تدريباً كاملاً، فما من معركةٍ خاضها إلا ونجحَ فيها نجاحاً يبهرُ العقولَ. داخلياً وخارجياً، وهذا أمرٌ مسلمٌ لاجدال فيهِ.

لكنَّ الأمورَ لم تكنْ في حياتهِ ميسرة لتؤتي القوةُ القتاليةُ ثمرتَها كما يجبُ أن تكونَ. فقد كانتْ سيوفُ المسلمينَ في عهدهِ كما كانتْ في عهد عليٍّ - رضي الله عنه - موجهةً إلى المسلمينَ أنفسِهم.

فلم يحصلْ جهادٌ ضدَّ العدوِّ الخارجيّ لا أيام علي ولا أيام ابن الزبير، وكل ما يذكرُ من البطولاتِ ما صحَّ منهَا ومالمْ يصح فإنما كانتْ من المسلمينَ ضدَّ المسلمينَ.

وهذا أمرٌ مأسوف عليه. ولذلكَ فلنْ نخوضَ فيه. فهم أسلافُنا الصالحونَ، ندعو لهمْ ونترحمُ عليهمْ، ونستغفرُ لهمُ، ونعلم أنهم كانوا مجتهدينَ مأجورينَ فيما أصابوا وفيما أخطؤوا، ولهمْ من الفضائل مالا يعدُّ ولا يحصيه إلا اللهُ.

قصة إعادة بناء الكعبة

يروي ابن كثير في البداية والنهاية قصة بناء الكعبة فيقول:

«كانتِ الكعبةُ على بناءِ الخليلِ مدةً طويلةً، ثم بعدَ ذلكَ بنتها قريشٌ فقصرتْ بها عن قواعدِ إبراهيمَ من جهةِ الشمالِ مما يلي الشامَ على ما هِي عليه اليومَ. وفي الصحيحين عن عائشةَ - رضي الله عنها - أن رسول الله ﷺ قال: (ألم تَري أن قومَكِ حين بنُوا الكعبةَ اقتصروا عن قواعد إبراهيم»؟

فقال رسول الله ﷺ: (لولا حداثةُ عهد قومكِ بالكفرِ لنقضتُ الكعبةَ ولجعلتُها على أساسِ إبراهيمَ، فألزقتُها بالأرضِ، وجعلتُ لها بابين باباً شرقياً وباباً غربياً، وزدتُ فيها ستةَ أذرعٍ من الحجْر.

ويختصر ابنُ كثيرٍ القصة فيقول: وقد بناها ابنُ الزبير - رحمه الله - في أيامه على ما أشارَ إليه رسولُ الله ﷺ حسبمَا أخبرتْه خالتهُ عائشةُ أم المؤمنين عنه.

فلما قُتِل سنةَ ثلاثٍ وسبعينَ كتب الحجاجُ إلى الخليفةِ عبدالملك بنِ مروَان في ذلك.

فاعتقدوا أن ابنَ الزبير إنما صنعَ ذلكَ من تلقاءِ نفسِه، فأمرَ بردِّها إلى ما كانتْ عليه.

فنقضُوا الحائطَ الشاميَّ وأخرجُوا منها الحجرَ، ثم سدُّوا الحائط وردَمُوا الأحجارَ في جوفِ الكعبةَ، فارتفعَ بابُها الشرقيّ، وسدوا الغربيّ بالكلية كما هو مشاهدٌ إلى اليوم.

ثم لما بلغهُم أن ابنَ الزبيرِ إنما فعلَ هذا لَّما أخبرته عائشةُ أم المؤمنين ندموا على ما فعلُوا وتأسفوا أن لوْ كانوا تركوه وما تولَّى منْ ذلكَ.

ثم لما كانَ في زمنِ المهديّ بن المنصورِ استشارَ الإمامَ مالكَ بن أنسٍ في ردِّها على الصفةِ التِّي بناهَا ابنُ الزبيرِ؟

فقالَ له: إني أخشى أن يتخذها الملوكُ لعبةً، يعني كلما جاءَ ملكٌ بنَاها على الصفةِ التي يُريد.

فاستقرَّ الأمرُ على ما هي عليه اليوم[1].

١- البداية والنهاية ١/ ١٥٥

وهذه القصة أوردها مسلم في صحيحه بأطول من هنا في كتاب الحج برقم: ٥٠٢/ ١٣٣٣.

وصية الزبير لابنه عبدالله

عن عروةَ عن عبدالله بنِ الزبير رضي الله عنهم قال :

لما وقفَ الزبيرُ يومَ الجملِ، دعاني فقمتُ إلى جنْبه .

فـقـال : يا بنَي، إنه لا يقـتَل اليـوم إلا ظالمٌ أو مظلومٌ، وإني لا أرانـي إلا سأقتلُ اليومَ مظلوماً .

وإن من أكبر همِّي لديني، أفترَى يُبقِي ديْننَا من مالنا شيئاً؟

ثـم قالَ :

بعْ مالنَا فاقضِ ديْني .

ثم قال :

يا بنيَّ إن عجزتَ عن شيءٍ منه فاستعن عليه مولايْ .

قال عبدُالله بن الزبير : فوَالله ما دريتُ ما أرادَ حتى قلتُ :

يا أبتِ منْ مولاكَ؟

قال : اللهُ .

قال : فواللهِ ما وقعتُ في كربةٍ من دينهِ إلا قلتُ : يا َمولى الزبيرِ اقضِ عنْه دينَه فيقْضيه .

فقُتِل الزبير ـ رضي الله عنه ـ ولم يدعْ ديناراً ولا درهماً إلا أرضين، منها الغابَة، وإحدى عشرةَ داراً بالمدينةِ، وداريْن بالبصْرة، وداراً بالكُوفة، وداراً بمصْر.

قال عبدُالله بنُ الزبير: فحسبت ما عليه من الدينِ فوجدتُه ألفيْ ألفٍ ومئَتَيْ ألفٍ.

قال: فلقِي حكيمُ بن حزام عبدَالله بنَ الزبير فقال:

يا ابنَ أخي، كمْ على أخِي من الدينِ؟

فكتَمَه فقالَ: مئة ألفٍ.

فقال حكيمٌ: واللهِ ما أرى أموالكُم تسعُ لهذه.

فقال له عبدُالله: أفرأيتكَ إن كانتْ ألفيْ ألفَ ومئتي ألفٍ؟

قال: ما أراكمْ تطيقون هذا، فإن عجزتم عن شيءٍ منه فاستعينوا بي.

ثم قام فقالَ: من كان له على الزبيرِ حقٌ فليوافنا بالغابَة.

فتوافد عليه أصحاب الديون؛ فظل يبيع أجزاءً من الغابة ليوفي لكل صاحب ديْن ماله.

فلما فرغَ ابنُ الزبيرِ من قضاءِ دينه قال بنُو الزبير: اقسم بيننا ميراثنا.

قـال :لا والله ، لا أقـسم بينكُم حـتى أنادِي بالموسِمِ أربع سنين: ألا من كانَ له على الزبيرِ دين فليأتنا فلنقضه .

قال : فجعلَ كلّ سنة ينادي بالموسمِ، فلما مضى أربعُ سنين قسم بينهمُ .

نماذج من قضائه

١ - المبتوتة لا ترث

المبتوتة هي التي طلقَها زوجها طلاقاً باتاً يعني بعد الطلقة الثالثة المستكملة لكل شروطِها. فإذا مات زوجُها وهي في العدَّة فإنهَا لا ترثُ حسب فقه عبدالله بنِ الزبير.

روى البخُارِي تعليقاً في كتاب الطلاقِ باب ٤ قال:

وقال ابنُ الزبيرِ في مريضٍ طلق: لا أرىَ أن ترثَ مبتوتَة.

٢- لا طلاق للمكره:

وقال ابن عباسٍ فيمنْ يكْرهه اللصوصُ فيطلقَ: ليس بشيءٍ وبه قال ابن عمرَ، وعبدالله بنِ الزبيرْ والشعبيّ والحسَن.

٣- النهي عن لبس الحرير:

كان ابنُ الزبيرِ في كلِّ أوامره ونواهيه التي يلزمُ الناسَ بها يستشهدِ لها بأحاديثِ النبيِّ ﷺ أو بآياتٍ قرآنية. وهذه صفة الحاكِم المسلم وها هو يحرمُ على الرجال لبسَ الحريرِ ويأتي بنصٍّ علَى ذلك: عن أبيِ ذبيانَ خليفةَ بن كعب قال: سمعتُ عبدالله بنَ الزبير يقولُ: سمعتُ عمرَ بن الخطابِ يقول: قال النبي ﷺ: (من لبسَ الحريرَ في الدنيَا لم يلبسه في الآخِرة).

البخاري في اللباس ٥٨٣٤

لقد كان ـ رحمه الله ـ سديداً في حكمه صارِماً في العملِ شديداً على الناسِ فيه، ورحمَ اللهُ من قال: إن قولَ الحقِّ لم يتركْ لي صَديقاً.

٤- إسهامه في نسخ المصحف:

عن أنسِ بنِ مالك، أن حذيفة بن اليمانِ قدمَ على عثمانَ ـ وكانَ أهلُ الشامِ في فتح إرمينيَّة وأذربيجَان مع أهل العراقِ ـ فأفزعَ حذيفةَ اختلافُهم في القِراءَةِ.

فقالِ حذيفةُ لعثمانَ: يا أميرَ المؤمنين أدركْ هذه الأمةَ، قبلَ أن يختلفُوا في الكتابِ اختلافَ اليهودِ والنصارَى.

فأرسلَ عثمانُ إلي حفصَة أن أرسلي إلينَا بالصحفِ ننسخُها في المصاحِفِ ثم نردَّها إليكِ.

فأرسلتْ بها حفصَة إلى عثمانَ، فأمرَ زيدَ بن ثابت، وعبدالله بنَ الزبير وسعيد بنَ العاص، وعبدَالرحمن بنَ الحارث بنَ هشام، فنسخُوها في المصاحِفِ.

وقال عثمانُ للرهْط القرشيين الثلاثة: إذا اختلفتُم أنتُمْ وزيد بن ثابتٍ في شيء من القرآن فاكتبوه بلسانِ قريشٍ، فإنما نزَلَ بلسانِهم.

ففعَلُوا، حتى إِذا نسخُو الصحُفَ في المصاحِفِ ردَّ عثمانُ الصحفَ إِلى حفصَةَ. فأرسلَ إِلى كلِّ أفقٍ بمصحف مما نسخُوا.

وأمرَ بما سوَاه من القرآنِ في كلِّ صحيفةٍ أو مصحفٍ أن يحْرق.

البخاري في التفسير برقم ٤٩٨٧

من خلال قراءتنا لهذا الحديث، نجد أن عثمانَ بن عفانَ قد انتخبَ أجدَرَ الكتَّاب وأحسنهم أمانةً لأعظم مهمَّة، وهي كتابةُ المصحفِ ونسخِه ليكونَ ميسراً للقراءَة في كلِّ أقاليمِ الدولة الإِسلامية، محفوظاً من كل زيادةٍ أو نقصٍ، أو تحريفٍ أو تبديلٍ.

وكان ابنُ الزبيرِ أحدَ أبرز النخبة الذين كلفوا بهذه المهمة بمسمعٍ ومرأى من كلِّ الصحابَة الكرام الحاضرِ منهم والغائبِ، دون اعتراضِ أحدٍ منهم، بلْ كان ذلك بطلبٍ منهمْ، ومباركةٍ لأعمالهمْ.

وصدق الله تعالى بقوله: ﴿ **إِنَّا نَحْنُ نَزَّلْنَا الذِّكْرَ وَإِنَّا لَهُ لَحَافِظُونَ** ﴾ سورة الحجر: ٩.

٥- موقفه مع ابن عباس وابن عمر:

من المعلومِ حقاً أنهُ إذا أرادَ اللهُ شيئاً هيأَ له أسبابَه، قال ﴿ **وَمَا تَشَاءُونَ إِلاَّ أَن يَشَاءَ اللَّهُ إِنَّ اللَّهَ كَانَ عَلِيمًا حَكِيمًا ﴿٣٠﴾ يُدْخِلُ مَن يَشَاءُ فِي رَحْمَتِهِ وَالظَّالِمِينَ أَعَدَّ لَهُمْ عَذَابًا أَلِيمًا** ﴾ سور الإنسان.

لقد اجتهدَ عبدُالله بنُ الزبيرِ في قيامهِ بالملكِ وبذْله ما استطاعَ من العلمِ والعدلِ والكرمِ والصفحِ والعفوِ، وقد استعانَ بالله ثم بأهلِ الخبرةِ.

وقد وفِّقَ في كثيرٍ من الأحيانِ ولمْ يوفقْ في بعضِ هذه الأحيانِ إذْ إنه قدَّم بعضَ الناسِ المشهورِين بضعفِ الرأي وقلةِ الخبرةِ، فأوجدوا جفوةً بينَه وبينَ أكفأ الناسِ مثل ابن عباسٍ وابنِ عمرَ فصار كما قال الشاعر:

يقضَى على المرءِ في أيام محنتهِ   حتى يرى حسناً ماليسَ بالحسنِ

وربما كان ـ بمشيئة اللهِ ـ هو السببُ في خسارتهِ. ولنستمعْ:

قالَ ابنُ عباسٍ حينَ وقعَ بينهَ وبينَ ابنِ الزبير: أبوهُ الزبير، وأمُّه أسماء وخالتُه عائشَة، وجدُّه أبو بكر، وجدَّته صفية.

وكأنَّ ابنَ عباسٍ يريدُ أن يقولَ: إن ابنَ الزبيرِ لا ينقصُه شيءٌ من العِلْم والعقلِ وشرفِ النسبِ والكفاءة، ليكونَ من الملوكِ اللامعين، إلا أنه قدَّم في خاصتهِ من أسَاء إليه رأياً ومشورةً وتنفيذاً. وتركَ أهلَ العلمِ والنهيْ ومنْ هم بوزنهِ أو أكبر.

أما ابن عمر فإنَّ ابنَ الزبيرِ ابتعدَ بتأثيرِ المستشارِين الذينَ عندَه عن ابن عمَر. وحصلَ الجفاءُ له معَ خالتهِ عائشةَ. ولا نطيلُ الكلامَ في هذهِ الموضوعات حتى يبقَى صدرُنَا سليماً راضياً عمَّن رضِي اللهُ عنهُم ورضُوا عنْه.

الفصل الخامس

نهايةُ بطل

بعد استشهاد «عليٍّ بنِ أبي طالب، رابع الخلفاء الراشدين تولَّى «معاويةُ ابن أبي سفيان» الخلافَةَ، وصارَ حاكماً للمسلمينَ، وانتقلت الخلافةُ إلى بني أميَّة، وذهبَ «عبدالله» فبايعَ «معاويةَ» كما بايعهُ غيرهُ من المسلمينَ(١).

ولقد كانَ معاويةُ شديدَ الترحيبِ بابنِ الزبير حينما يلقَاه لأنه كان يعرفُ منزلتهُ جيداً، فكان يقولُ له:

- «مرحباً بابن عمةِ رسولِ الله، وابن حواريِّ الرسولِ».

مشيراً إلى جدته صفية عمةِ الرسولِ، والزبيرِ الصحَابي المقربِ من الرسولِ، ولم يكنْ معاويةُ يكتفِي بذلك فقط، بل ويأمرُ له بمالٍ وفير بمئة ألف(٢).

اعتراض ابن الزبير على تولية يزيد:

لما أحسَّ معاويةُ باقترابِ أجلهِ أوصَى بالخلافةِ من بعدهِ لابنه يزيد، فاعتذر ابنُ الزبيرِ عن مبايعةِ يزيدَ، فوقعتْ بينهما جفوةٌ وحصلتْ أمورٌ مؤسفةٌ انتهتْ باستشهاد ابن الزبير. رحمَ اللهُ الجميعَ وغفرَ اللهُ لنا ولهمْ.

١- عبدالله بن الزبير - أحمد عبدالرازق - سلامة محمد سلامة ص ٢٤.

١- سير أعلام النبلاء - الذهبي - جـ٤ - ص ٣٦٧.

خاتمة:

إنِ حياةَ ابنِ الزبير حافلةٌ بالخيرِ الكثيرِ، والعلمِ الغزيرِ، والفعالِ الحميدةِ والجهادِ الصادقِ، والأخلاقِ العاليةِ.

ونحنُ ننصحُ بقراءةِ سيرة هذا الصحابي الجليل لما فيها من دروس يحتاج إليها الناشئ، لتكون له معلماً في طريقِ حياته، وتزيدنا حباً لهؤلاء أحباب رسول الله صلى الله عليه وسلم.

فالرسولُ ﷺ يقولُ: (لا يؤمن أحدُكم حتى أكونَ أحبَّ إليهِ من والدهِ وولدهِ والناس أجمعينِ) ولن تكونَ محباً للنبيِّ ﷺ مالمْ تحب أحبابَه وأصحابه.

اللهُمَّ أرزقْنَا حبهُم والاقتداءَ بهم، واحشرنَا معهُم في جنَّاتِ النعيمِ.

والحمدُ لله ربِّ العالمين.

الفهــرس